EL GRAN LIBRO DEL MAR

Texto e ilustraciones
YUVAL ZOMMER

Experta en vida marina
BARBARA TAYLOR

¿Puedes encontrar...

... exactamente la misma sardina
15 veces en este libro?
¡Cuidado con los impostores!

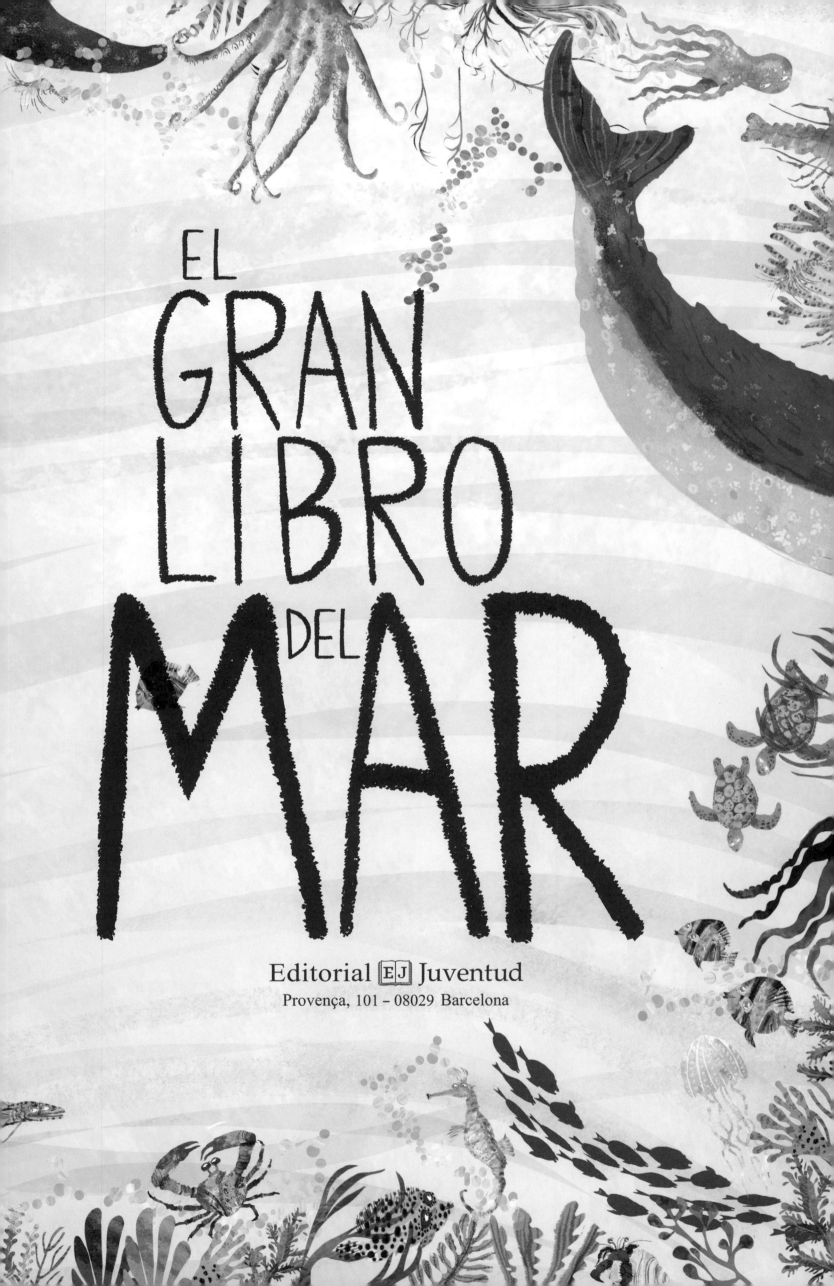

EL GRAN LIBRO DEL MAR

Editorial EJ Juventud

Provença, 101 – 08029 Barcelona

¿QUIÉN ESTÁ AQUÍ?

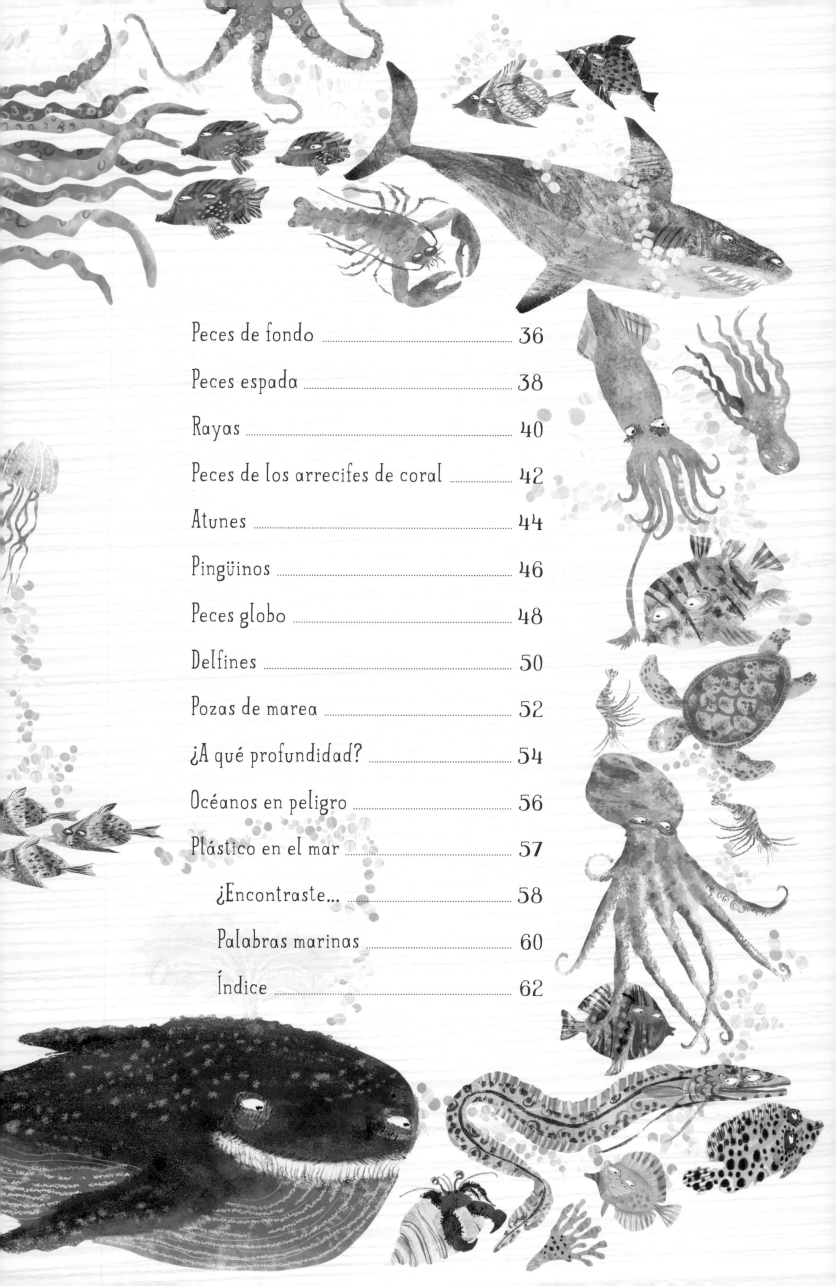

FAMILIAS DEL OCÉANO

¿Qué tipo de animales viven en el océano?

En el océano hay muchas familias de animales.

Algunos son peludos, otros tienen escamas o aletas ¡y los hay que no tienen huesos ni cerebro!

Moluscos...

... incluyen pulpos, calamares, ostras, almejas y mejillones

... tienen branquias

... suelen vivir en un caparazón

...son de sangre fría

Crustáceos ...

... incluyen cangrejos, langostas, gambas y kril

... tienen branquias

... tienen un esqueleto duro en la parte exterior de su cuerpo

Peces...

... incluyen tiburones, rayas, peces espada, peces voladores, caballitos de mar, atunes y peces globo

...tienen branquias

... son de sangre fría

... tienen un esqueleto óseo

Mamíferos...

...incluyen focas, ballenas y delfines

...tienen pulmones

...tienen la piel peluda o rasposa

...son de sangre caliente

...tienen un esqueleto óseo

Reptiles...

...incluyen tortugas y serpientes de mar

...tienen huesos y piel escamosa

...son de sangre fría

...tienen pulmones

ALETAS Y MÁS ALETAS

¿Cómo se mueven las criaturas marinas?

Las criaturas marinas se mueven de formas muy diversas. Unas usan aletas, otras utilizan propulsión a chorro, y algunas sencillamente flotan. Las hay rápidas y las hay lentas, en función de la forma de su cuerpo y de su técnica natatoria.

"Aletástico"

Un pez dobla su cuerpo para propulsarse a sí mismo. Las aletas le sirven para controlar la dirección. El caballito de mar tiene unas aletas diminutas y nada despacio. Es el único pez que nada en posición vertical.

Essse de serpiente

Las anguilas y las serpientes de mar ondulan su cuerpo formando eses para empujar el agua.

8

Tremendas aletas

Los delfines, las focas, las ballenas
y las tortugas nadan usando sus
aletas traseras, que tienen una
superficie plana y ancha, perfecta
para empujar el agua.

Dentro y fuera

Una medusa bombea el agua hacia
dentro y hacia fuera de su cuerpo en
forma de campana, propulsándose.

Propulsión a chorro

Un pulpo succiona agua y la expulsa. El chorro
que forma le facilita la propulsión rápida
hacia delante, dejando atrás los tentáculos.

BRANQUIAS Y ESPIRÁCULOS

¿Cómo respira un animal bajo el agua?

Todos los animales necesitan respirar oxígeno
para seguir con vida. Los animales terrestres
obtienen el oxígeno del aire. Algunas criaturas
del mar salen a la superficie para respirar aire,
pero otros filtran el oxígeno del agua.

Si hay branquias, hay aire

Los peces, los calamares y los cangrejos respiran a través
de sus branquias. Las branquias son unas hendiduras en el
cuerpo de un animal por las que absorbe agua, filtrando
el valioso oxígeno.

Piel que respira

Medusas, corales y anémonas
obtienen el oxígeno a través de su piel.

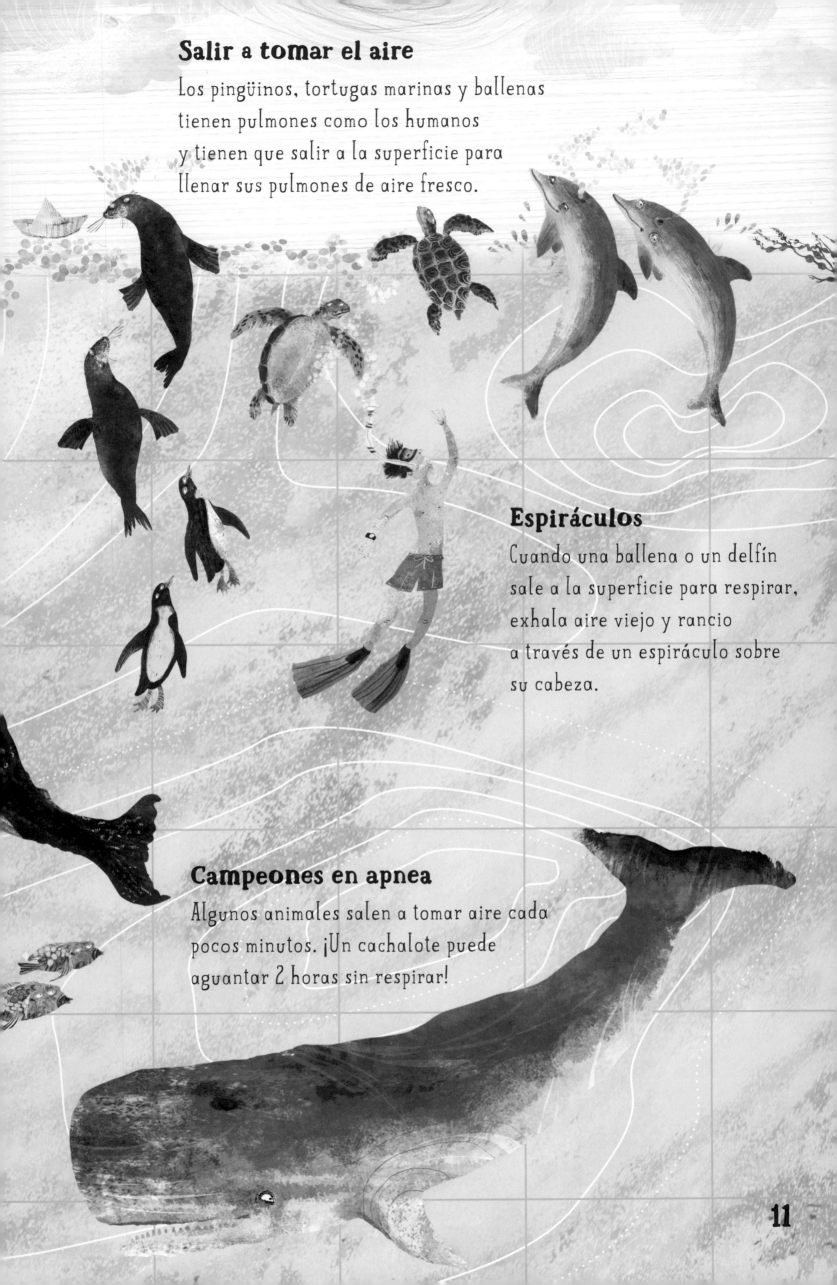

Salir a tomar el aire

Los pingüinos, tortugas marinas y ballenas
tienen pulmones como los humanos
y tienen que salir a la superficie para
llenar sus pulmones de aire fresco.

Espiráculos

Cuando una ballena o un delfín
sale a la superficie para respirar,
exhala aire viejo y rancio
a través de un espiráculo sobre
su cabeza.

Campeones en apnea

Algunos animales salen a tomar aire cada
pocos minutos. ¡Un cachalote puede
aguantar 2 horas sin respirar!

TORTUGAS MARINAS

¿Cómo puedes saber si una tortuga es marina?

¡Si vive en el mar, lo es! La tortuga marina tiene
un caparazón suave, para moverse con facilidad
por el agua. Y no puede esconder su cabeza dentro
del caparazón como las otras tortugas.

Gafas de natación

¡La tortuga tiene unos párpados transparentes
que usa como si fueran gafas para bucear!

SE DESLIZAN POR LAS AGUAS TROPICALES

Huevos saltarines

La tortuga nada hasta la orilla para desovar en la playa. Los huevos son de un material blandito que rebota, así no se rompen al caer sobre la arena.

Afiladas como cuchillos

Las tortugas no tienen dientes, pero sus mandíbulas tienen bordes afilados que utilizan para cortar la comida.

¿Sabías...

... que las tortugas marinas pueden comer medusas sin que les piquen?

PECES VOLADORES

¿Vuelan de verdad?

¡Sí! El pez volador sale disparado del agua para evitar que se lo coman otros peces. Se desliza por el aire moviendo sus aletas. Puede volar hasta 45 segundos.

Visto y no visto

El pez volador es azul por encima, así que un pájaro sobrevolando el mar no lo puede ver. Y su barriga es plateada, de modo que un pez hambriento nadando por debajo lo confunde con el cielo.

VUELAN SOBRE EL MAR CENTELLEANTE

14

¡Ataque aéreo!

El pez volador nunca está a salvo. Incluso cuando vuela, un pájaro puede intentar cazarlo.

Torpedo veloz

¡Para lanzar su aerodinámico cuerpo hacia el cielo, un pez volador tiene que nadar a 60 kilómetros por hora.

Familia numerosa

El pez volador vuela en bancos de hasta un millón de peces.

15

CABALLITOS DE MAR

¿Son realmente caballos?

En realidad el caballito de mar es una variedad de pez que nada en posición vertical. Tiene la cabeza de un caballo, la cola prensil de un mono, y la bolsa de un canguro.

Un toque crujiente

El caballito de mar tiene un esqueleto dentro del cuerpo y otro fuera, como una armadura. Lo mantiene a salvo de los depredadores, a los que no les gusta su cuerpo crujiente.

CABALGAN POR AGUAS CÁLIDAS Y VERDES

El caballito de mar lleva corona

Cada caballito de mar posee una corona
muy especial, pues no hay dos iguales:
son como las huellas dactilares de
los seres humanos.

Papá enrollado

El caballito de mar macho
cuida de los huevos guardándolos
en una bolsa que tiene en
su barriga.

Cola prensil

Para no ser arrastrado por una fuerte corriente,
el caballito de mar se agarra a un grupo de algas
con su larga y rizada cola.

MEDUSAS

¿Son las medusas de gelatina?

¡No! Pero la medusa no tiene huesos, así que su cuerpo
es blando y temblón como la gelatina. La medusa
no es un pez, es un molusco.

Dos por uno

Si cortas una medusa
por la mitad, se convierte
en dos medusas vivas.

BRILLAN EN LAS AGUAS TURBIAS

Propulsión a chorro

La medusa expulsa agua fuera de su cuerpo
para propulsarse. Si se cansa, simplemente se
deja llevar a la deriva por la corriente.

Brilla en la oscuridad

Algunas medusas pueden brillar en la
oscuridad. La luz repele a los depredadores
que prefieren evitar cenas luminosas.

Descerebrada

La medusa no tiene cerebro,
sangre, orejas, ni corazón.

PULPOS

¿Para qué necesitan ocho brazos?

Los usan de muchas formas muy habilidosas. Cada brazo tiene filas
de ventosas y papilas gustativas para agarrar y saborear
la comida. Sus tentáculos están llenos de neuronas:
cada uno tiene su propia mente.

Muy "tinteresante"

Cuando el pulpo se asusta, lanza tinta
para confundir a su atacante.
¡Algunos calamares lanzan tinta
que brilla en la oscuridad!

SE PROPULSAN HACIA LA OSCURIDAD

Rapidez de movimientos

El pulpo expulsa un chorro de agua por la parte posterior de su cabeza para desplazarse. También puede utilizar la propulsión a chorro para saltar fuera del agua.

¿Puedes encontrar...

... dos calamares que tengan dos tentáculos muy, muy largos, y también ocho patas?

¿Sabías...

... que el pulpo tiene tres corazones?

BALLENAS

¿Por qué son tan grandes?

Si pueden crecer tanto es porque el agua soporta su peso. La ballena azul es más grande que una cancha de básquet, y su corazón es tan grande como un caballo pequeño. Es el animal más grande que ha existido, ¡más que un dinosaurio!

Respirar aire fresco

La ballena respira a través de un orificio que tiene en la cabeza. Cuando nace una cría de ballena, la madre lo empuja hacia la superficie para que respire por primera vez.

La ballena jorobada envía mensajes...

... a sus amigos golpeando la superficie del agua.

Lamentos de ballena

Algunos machos cantan canciones en tonos graves con la esperanza de que una hembra los escuche.

En manada

La ballena vive en grupos o manadas.

RECORREN TODOS LOS OCÉANOS

CANGREJOS

¿Por qué corren hacia un lado?

Las rodillas de los cangrejos se doblan lateralmente,
lo cual significa que tienen que moverse hacia los lados.
Nuestras rodillas se doblan hacia delante, por eso
caminamos hacia delante.

Con pinzas

El cangrejo tiene dos pinzas delanteras
grandes. Las usa para cortar y aplastar
su comida, y para agarrar cosas.

SE ESCABULLEN POR LA ORILLA ARENOSA

El cangrejo saluda

... moviendo sus pinzas. Los cangrejos también se envían mensajes unos a otros golpeando las rocas.

Buenos ojos

Tienen los ojos sobre antenas, como los caracoles: vigilan el peligro en dos direcciones a la vez.

El cangrejo decorador...

... se disfraza con trozos de algas, conchas y guijarros para esconderse de sus enemigos.

FOCAS

¿Viven en el mar o en tierra?

La foca pasa la mayor parte de su vida en el mar,
pero tiene que salir a la superficie para respirar.
aire. Puede dormir bajo el agua o en la playa.

Caminan dando tumbos y nadan veloces

Una foca arrastra lentamente su cuerpo
tambaleante por la orilla, pero cuando
está en el mar es ligera y veloz.

Tomar aire

¡Una foca puede aguantar
la respiración bajo el agua
hasta dos horas!

NAVEGAN EN ALTA MAR

Pilla pilla

Un cachorro de foca no necesita que le enseñen a nadar. Le encanta jugar al pilla pilla bajo el agua.

¡Cuidado!

No todas las focas son simpáticas. La foca leopardo es muy salvaje; a veces caza a otras focas y se las zampa para cenar.

TIBURONES

¿Comen personas?

Hay más de 500 tipos de tiburones, y todos comen carne. A veces los tiburones muerden a una persona por accidente si la confunden con una foca o un pez grande. Pero no suelen cazar seres humanos.

¿Sabías...

... que la mayoría de los peces tienen 4 pares de branquias, pero el tiburón tiene 5?

Dentadura que no dura

Una cría de tiburón pierde toda una dentadura dentro del vientre de su madre antes de nacer.

RECORREN EL HONDO Y OSCURO OCÉANO

Poco delicado

El tiburón tigre saca su estómago por la boca
para lavarlo un poco después de comer.

No pares, sigue, sigue

Algunos tiburones muy veloces tienen que
nadar con la boca abierta para filtrar el agua
suficiente para poder respirar. Si reducen
la velocidad, ¡pueden asfixiarse!

KRIL

¿Qué es el kril?

El kril se parece a la gamba. ¡Hay más kril en el mar que ningún otro animal en el planeta! Muchas criaturas marinas dependen de tener suficiente kril para comer.

Belleza interior

El kril tiene un cuerpo transparente, lo cual significa que puedes ver cómo digiere la cena del día antes.

De lejos

A veces el kril forma enormes enjambres y parece que el mar se haya vuelto de color rosa. ¡Algunos enjambres de kril incluso se han podido ver desde el espacio!

30

El brillo del kril

Algunos tipos de kril hacen brillar
sus oscuras entrañas, y por la noche
centellean bajo el mar.

Kril para adentro

¡Una ballena azul puede
comer hasta 4 toneladas
de kril en un día!

Crueldad crustácea

El kril normalmente come plantas;
si tiene mucha hambre puede zamparse
al kril de al lado.

DRAGONCILLOS

¿Lanzan fuego los dragoncillos?

¡No! El nombre le viene de sus aletas en forma de volantes multicolores que le dan el aspecto de un dragón chino de papel.

¡Alerta babosa!

A veces el dragoncillo se esconde bajo una capa de baba apestosa para evitar que se lo coman.

Caminar sobre el agua

El dragoncillo nada por el fondo del océano. Gracias al veloz movimiento de sus aletas parece que camina sobre el suelo del océano.

HACEN COSQUILLAS AL FONDO MARINO

Se crece

El macho tiene la primera aleta dorsal muy larga, y la levanta para parecer más grande.

Movimiento sensual

El dragoncillo macho realiza una danza especial con sus vaporosas aletas para atraer a la hembra.

Dragón diminuto

El pez mandarín mide tan solo 6 cm. Como todos los dragoncillos, en lugar de escamas, tiene una piel gruesa que lo protege de las rocas afiladas.

SERPIENTES DE MAR

¿Cómo pueden vivir bajo el agua?

Son muy buenas nadadoras. Tienen una cola plana que utilizan a modo de remo para nadar rápidamente. Tienen que subir a la superficie para tomar aire, pero pueden aguantar la respiración mucho tiempo.

La serpiente de mar muda su piel...

... cada 2-6 semanas para sacarse de encima los percebes que crecen en su cuerpo.

¿Puedes encontrar...

... una anguila? Tiene una aleta larga, en forma de cinta, que recorre su cuerpo.

SERPENTEAN MAR ADENTRO

Saliva salada

La serpiente de mar filtra la sal de su sangre y la escupe de nuevo en el mar.

Anillos peligrosos

Algunas tienen anillos de colores vivos en su cuerpo que advierten a los depredadores: «¡Soy venenosa!».

PECES DE FONDO

¿Qué tienen en común los peces de fondo?

Los peces de fondo tienen un aspecto muy extraño.
Viven en las profundidades frías y oscuras del mar y
tienen que sobrevivir bajo el peso de toneladas de agua que
los presionan desde arriba. No hay casi comida ni oxígeno,
así que cada pez se ha adaptado de una forma muy especial.

Rape

El rape hembra lleva su propia bombilla
colgada sobre la cabeza. Cuando otros
peces pequeños se acercan nadando para
investigar, los caza y se los come.

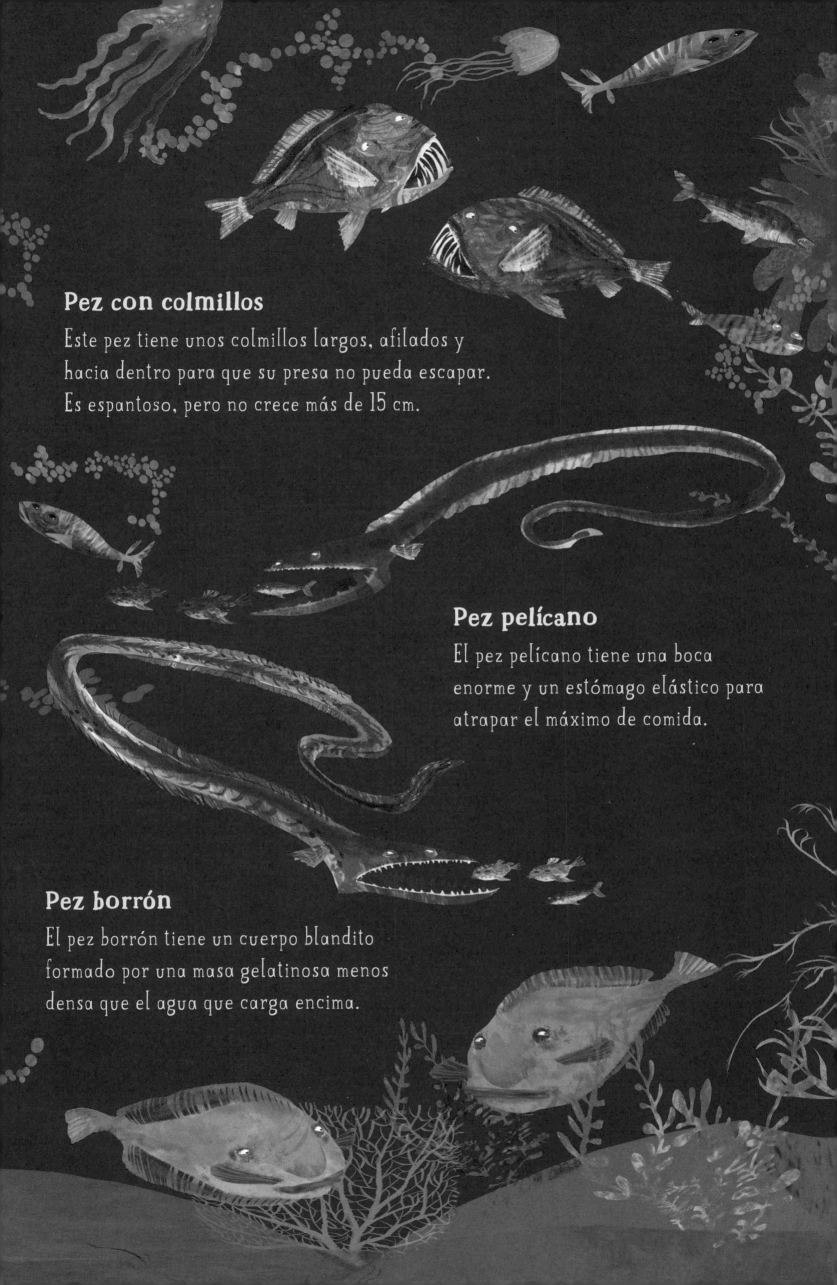

Pez con colmillos

Este pez tiene unos colmillos largos, afilados y hacia dentro para que su presa no pueda escapar. Es espantoso, pero no crece más de 15 cm.

Pez pelícano

El pez pelícano tiene una boca enorme y un estómago elástico para atrapar el máximo de comida.

Pez borrón

El pez borrón tiene un cuerpo blandito formado por una masa gelatinosa menos densa que el agua que carga encima.

PECES ESPADA

¿Tienen de verdad una espada?

La nariz del pez espada es puntiaguda y afilada como
una espada. La utiliza para cortar y aturdir a su presa.
También puede usar su espada como si fuera un cuchillo,
para cortar la comida en trozos más pequeños.

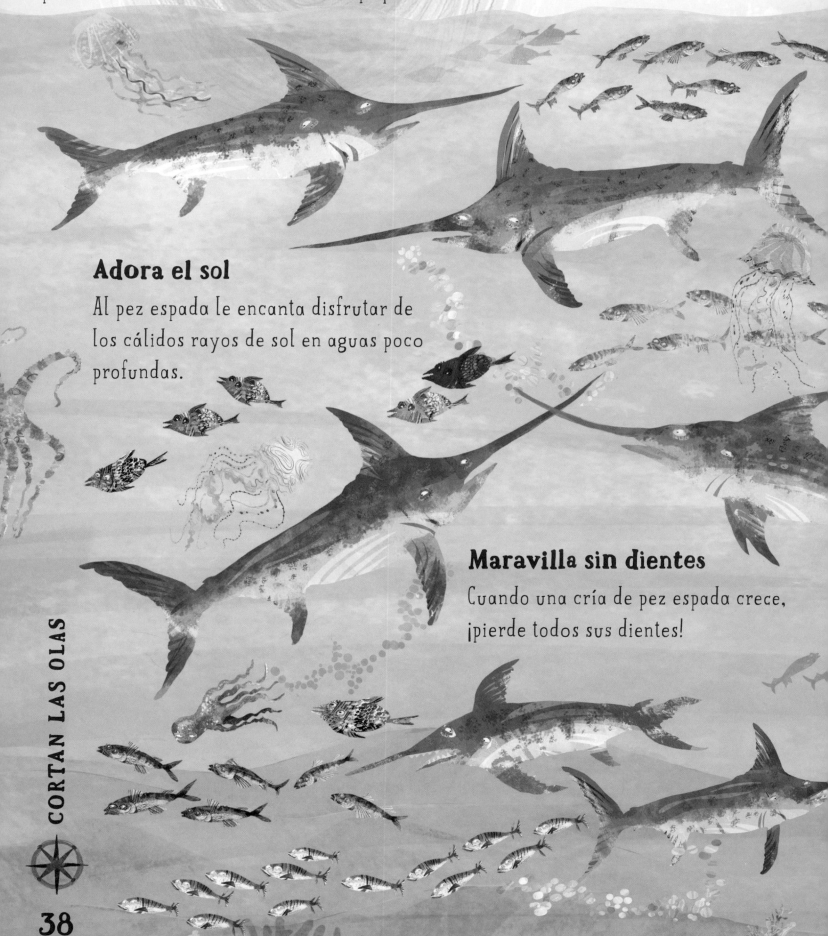

Adora el sol

Al pez espada le encanta disfrutar de
los cálidos rayos de sol en aguas poco
profundas.

Maravilla sin dientes

Cuando una cría de pez espada crece,
¡pierde todos sus dientes!

CORTAN LAS OLAS

¡Espada a bordo!

El pez espada puede ser fuerte
y agresivo. Hasta puede perforar
el casco de una barca.

Un pez veloz

El pez espada puede llegar a nadar
hasta 80 km/h. ¡Es uno de los diez
peces más rápidos del mundo!

39

RAYAS

¿Lanza la raya rayos eléctricos?

Hay muchos tipos de rayas. Solo las rayas eléctricas producen electricidad en sus cuerpos. Utilizan esta electricidad para aturdir a los depredadores o a sus presas, y también para enviarse mensajes entre ellas.

Alas acuáticas

La raya tiene unas aletas grandes que parecen alas. Cuando las agita para nadar, parece que está volando.

Servicio de limpieza

La manta, una especie de raya, visita a menudo "puntos de limpieza" donde otros peces comen su piel muerta.

PLANEAN SOBRE LOS FONDOS MARINOS

Rayas látigo

La raya látigo tiene púas venenosas
en el centro de la cola. Las utiliza para
cazar a otros peces para cenar.

Respiraderos de repuesto

La raya respira mediante branquias
que tiene bajo su cuerpo. Cuando yace
en la arena quedan cubiertas y respira
por otros orificios en su cabeza.

PECES DE LOS ARRECIFES DE CORAL

¿Es un animal o una planta el coral?

Es un tipo de animal relacionado con las medusas y las anémonas de mar. Cuando hay muchos juntos, forman un arrecife similar a un bosque submarino donde crecen las plantas, y son el hogar de muchos tipos de peces especiales.

Pez loro

Usa su enorme boca en forma de pico para raspar las algas de las piedras y el coral.

Pez payaso

El pez payaso vive dentro de la anémona de mar. Los tentáculos punzantes de las anémonas lo protegen cuando está en casa.

BANCOS MULTICOLORES SURCAN EL BULLICIOSO ARRECIFE

Pez cirujano

Está cubierto de unas espinas
tan afiladas como bisturís. Las usa
para pinchar a sus enemigos.

Pez cofre

El pez cofre es cuadrado. Sus huesos
son rígidos como una armadura y no
puede moverse rápidamente. Muchos peces
lo consideran muy difícil de comer.

Pez león

Tiene unas rayas de colores que
advierten: «¡Soy venenoso!» a los peces
que podrían querer comérselo.

43

ATUNES

¿Cuántas latas de atún puede llenar 1 atún?

Un atún rojo puede vivir durante 40 años, crecer hasta 3 metros de longitud y pesar hasta 680 kilos, ¡más que un caballo! Eso significa que puede llenar más de 5.500 latas.

Atún torpedo

El atún tiene un cuerpo muy aerodinámico que le ayuda a deslizarse por las aguas.

El atún solitario

El atún no tiene hogar: pasa su vida nadando por los diferentes océanos.

CRUZAN RAUDOS EL ATLÁNTICO

Bien dotado

El atún es un pez fuerte y musculoso.
Puede nadar muy rápido durante mucho
tiempo y recorrer grandes distancias.

¿Qué hay en su plato?

Como carnívoro que es, al atún
también le gusta cenar pescado.

45

PINGÜINOS

¿Por qué no se congelan?

El pingüino tiene una gruesa capa de grasa que recubre todo su cuerpo y le ayuda a mantener el calor. Un pingüino a punto de ser papá evita que el huevo se congele manteniéndolo en equilibrio entre sus pies.

Camuflaje en blanco y negro

El pingüino se esconde nadando: visto desde arriba parece oscuro como el océano y visto desde abajo blanco como el cielo.

SURCAN LAS HELADAS AGUAS ANTÁRTICAS

¡Menuda trituradora!

El pingüino engulle rocas y guijarros:
le ayudan a triturar la comida en el estómago.

Acróbata submarino

El pingüino no vuela como los otros pájaros,
pero puede "volar" con elegancia bajo el agua.

Huesos pesados

Los huesos del pingüino pesan,
permitiéndole bucear.

PECES GLOBO

¿Por qué se infla el pez globo?

El pez globo es lento, así que no puede apartarse rápidamente del camino de los depredadores. Para desconcertarlos, traga un montón de agua y se hincha como una bola punzante.

Un pez sin escamas

El pez globo tiene una piel gruesa y elástica en lugar de escamas.

Abrelatas dental

El pez globo usa sus dientes en forma de pico para abrir mejillones y almejas.

NADAN SIN PRISA EN LAS CORRIENTES CÁLIDAS

En un abrir y cerrar de ojos

El pez globo es el único pez que puede parpadear. Además, sus ojos pueden moverse en dos direcciones a la vez.

¡El pez más venenoso del mundo!

El pez globo es además el segundo animal más venenoso del mundo, después de la rana veneno de flecha.

DELFINES

¿Por qué salen del mar saltando?

El delfín es muy inteligente y muy juguetón. Le encanta jugar a las carreras y a ver quién salpica más fuerte. ¡El delfín de hocico largo puede hacer hasta 7 volteretas en el aire!

¡No huele!

El delfín respira por un orificio sobre su cabeza, que hace de fosa nasal, pero no tiene sentido del olfato.

SALTAN DESDE LA CRESTA DE LA OLA

¿Puedes ver...

... algo que no pertenece al hábitat de un delfín?

Todo oídos

En lugar de usar orejas, el delfín oye captando vibraciones con su cabeza y sus huesos maxilares.

Clics de delfín

El delfín habla con sus amigos haciendo chasquidos bajo el agua.

Medio despierto

El delfín duerme dejando descansar cada mitad del cerebro de forma alterna.

POZAS DE MAREA

¿Qué puedes encontrar en la playa?

Cuando la marea baja, entre las rocas se forman unos charcos llamados pozas de marea. Son el hábitat de criaturas de aguas cálidas y poco profundas. Aquí tienes algunas para descubrir en la playa.

Percebe

El percebe puede ser de todos los colores. Tiene un caparazón duro y se pega a las rocas, los barcos y las ballenas.

Pez mantequilla

¡Este pez es tan resbaloso como la mantequilla! Es largo y serpenteante y está cubierto de lunares.

Anémona de mar

La anémona parece una flor pero es un animal. ¡Es bonita, pero sus aguijones son muy peligrosos!

Mejillones

El mejillón se agarra a las rocas con sus barbas. Se abre bajo el agua y se cierra al aire libre.

Estrellas de mar

¡No son peces! Pueden tener hasta 40 brazos y no tienen sangre.

Babosa limón

Esta babosa de mar es ácida como el limón para disuadir a los que intenten comerla.

53

¿A QUÉ PROFUNDIDAD?

¿En qué parte del mar viven?

Los animales están adaptados a profundidades distintas. Algunos viven arriba de todo, donde hay mucha luz y es muy fácil salir en busca de aire. Otros viven en el fondo, donde todo es oscuro e inquietante.

Zona soleada

La mayoría de las criaturas marinas viven aquí. Esta zona es la más cercana a la superficie, y por lo tanto, la que tiene más luz.

—200 m

Zona crepuscular

No hay luz suficiente para que puedan crecer plantas. Es el hogar de los cachalotes, los calamares gigantes y las morenas. Los peces de esta zona tienen los ojos grandes para ver con poca luz.

—1.000 m

Zona de medianoche

Los pepinos de mar, los calamares vampiro y el tiburón anguila viven aquí. Sus cuerpos son flácidos para no ser aplastados por el peso del agua que tienen encima.

—4.000 m

Zona abisal

El pulpo dumbo vive aquí, así como muchos gusanos, caracoles y almejas. Hace frío y está todo cubierto del lodo que cae de las capas superiores.

—6.000 m

Zona hadal

Las profundas fosas oceánicas forman la zona hadal. Es el hogar de los cerdos de mar, una especie de pepino de mar, y los equiuros.

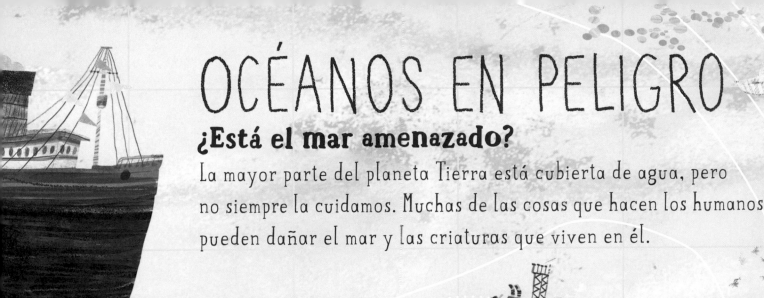

OCÉANOS EN PELIGRO

¿Está el mar amenazado?

La mayor parte del planeta Tierra está cubierta de agua, pero no siempre la cuidamos. Muchas de las cosas que hacen los humanos pueden dañar el mar y las criaturas que viven en él.

Grandes barcos

Los grandes barcos llevan mercancías a través de los océanos y producen vertidos de combustible. Sus ruidosas máquinas dificultan la comunicación entre los mamíferos marinos.

Sobrepesca

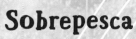

Algunos tipos de peces están prácticamente extinguidos porque hemos pescado y comido demasiados.

Calentamiento global

Los humanos han quemado un montón de combustibles fósiles y han calentado el planeta, con lo cual el nivel del mar ha subido y el agua del mar se ha vuelto más ácida, y eso hace que la supervivencia de algunas especies marinas sea mucho más difícil.

56

PLÁSTICO EN EL MAR

¿Cómo contamina nuestra basura el mar?

Muchos residuos de plástico van a parar al mar y perjudican a los animales y a su hábitat. Podemos ayudar a detener esto utilizando menos cosas de plástico.

La descomposición

A diferencia de los productos naturales, como la madera, el plástico tarda 400 años en descomponerse.

Peligro

Las criaturas marinas pueden ahogarse por culpa de los residuos plásticos. A veces los peces grandes comen trozos de plástico y enferman.

Productos químicos

Los plásticos contienen productos químicos que contaminan el mar y el hábitat de las criaturas marinas.

¿ENCONTRASTE...

... las respuestas a las preguntas de «¿Puedes encontrar...»? ¿Has encontrado también las 15 sardinas como la que aparece al principio del libro?

20-21 Pulpos

12-13 Tortugas marinas

26-27 Focas

16-17 Caballitos de mar

28-29 Tiburones

18-19 Medusas

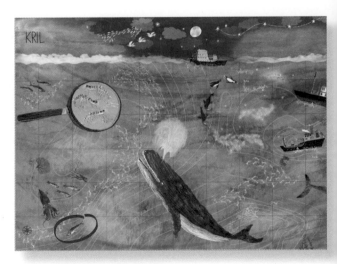

30-31 Kril

32-33 Dragoncillos

34-35 Serpientes de mar

38-39 Peces espada

40-41 Rayas

42-43 Peces de los arrecifes de coral

46-47 Pingüinos

48-49 Peces globo

50-51 Delfines

59

PALABRAS MARINAS
Cómo hablar como un experto

Aquí tienes algunas palabras que utilizan los expertos
en criaturas marinas y que tú puedes usar.

¿Dónde viven las criaturas marinas?

Un **animal marino** vive en el **agua salada**.
Una gran cantidad de agua salada se llama **mar**,
y un mar muy grande se llama **océano**.

El lugar que una criatura marina
elige para vivir se conoce como **hábitat**.
El **arrecife de coral** es un hábitat que
constituye la casa de muchas criaturas
marinas diferentes.

Las criaturas marinas pueden vivir
solas, pero algunas de ellas viven
en grupos grandes llamados **bancos**.

Cuando el mar se retira de la playa
por la noche y vuelve a subir durante
el día, eso se llama **marea**. Bajo el agua,
el mar se mueve en varias direcciones:
son las **corrientes**.

Todos los seres vivos ocupan un
lugar en la **cadena alimentaria**,
y su lugar se define en función de
qué comen y quiénes les comen a ellos.

Muchos peces y ballenas comen **plancton**.
El plancton es una criatura microscópica
que está en la base de la cadena
alimentaria marina.

ÍNDICE

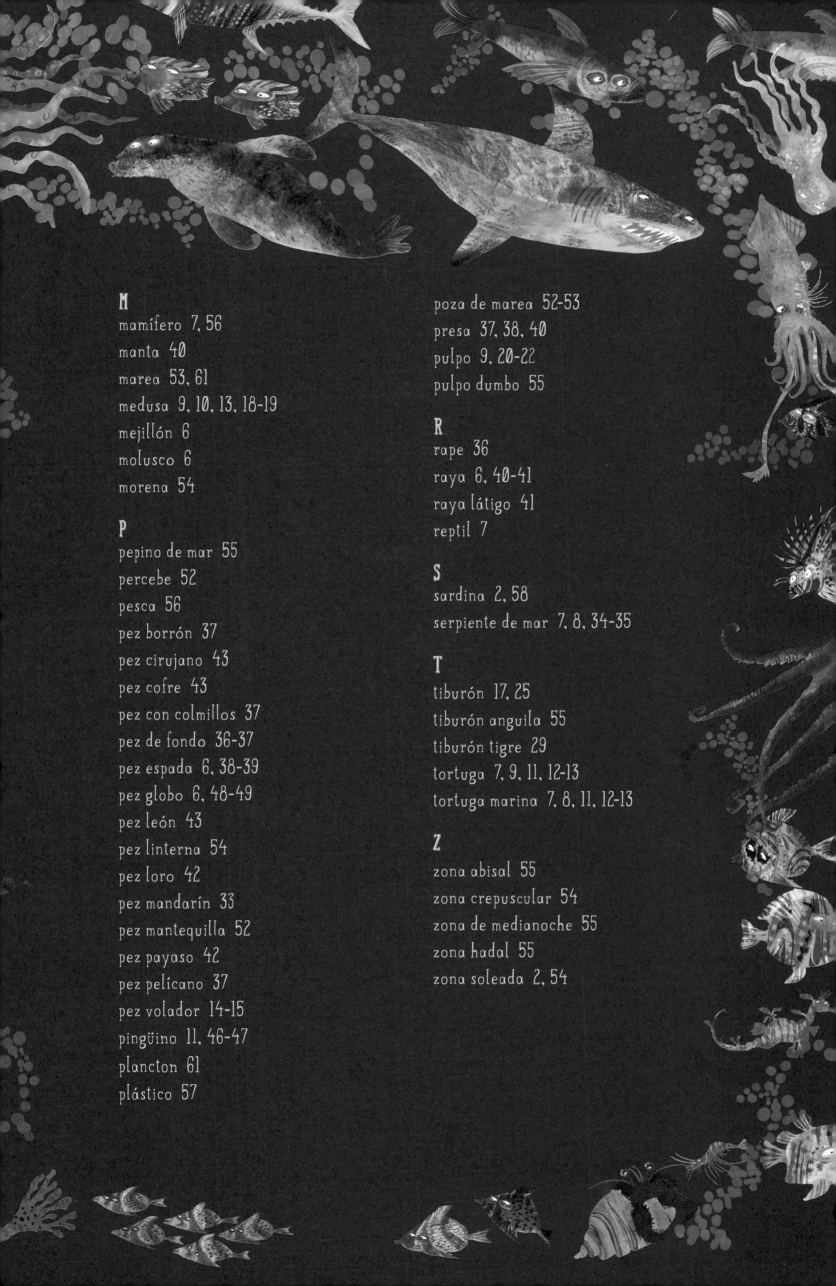

A mi fantástico sobrino
Or Zommer con amor

Gracias a mi editora, Lucy Brownridge
y a mi diseñador, Aaron Hayden

Título original: THE BIG BOOK OF THE BLUE
© Texto e ilustraciones: Yuval Zommer
© Thames & Hudson Ltd., Londres, 2018

Edición original publicada en Reino Unido
en 2018 por Thames & Hudson Ltd., Londres

© de la edición española:
EDITORIAL JUVENTUD, S. A., 2018
Provença, 101 - 08029 Barcelona
info@editorialjuventud.es
www.editorialjuventud.es
Traducción: Susana Tornero

Primera edición, 2018

ISBN: 978-84-261-4492-8

DL B 213-2018
Núm. de edición de E. J.: 13.567
Maquetación: Mercedes Romero

Printed in China

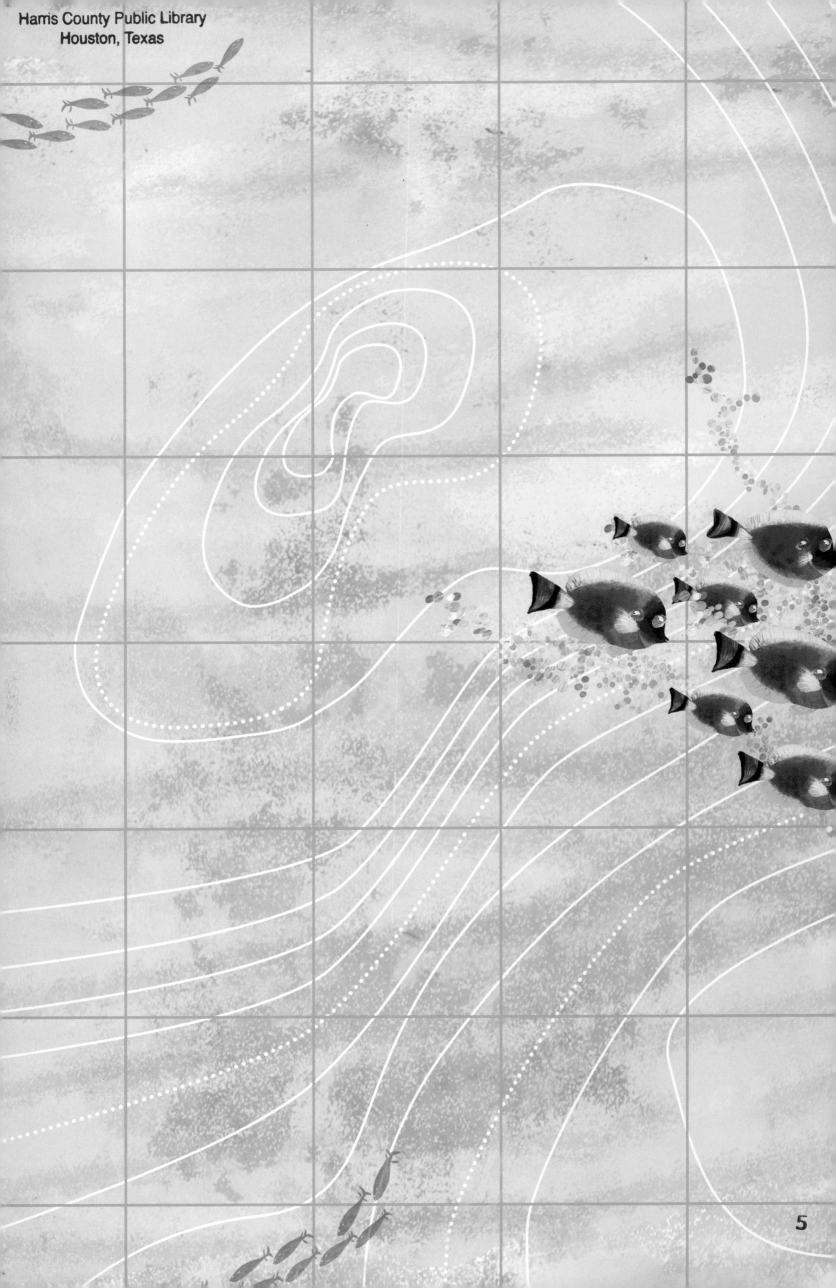

5